Hawaiian

Parisa
ka
Pilota

Marcy Schaaf

Parisa
the
Pilot
Marcy Schaaf

Introduction

Welcome to the inspiring story of Parisa the Pilot! This tale takes you on a journey from a young girl's dreams to the skies she conquers with determination and courage. Parisa, a spirited and ambitious girl from the Middle East, always dreamed of flying high above the clouds. Despite being told that girls can't be pilots, Parisa never gave up on her dream.

Through hard work, perseverance, and an unshakable belief in herself, Parisa not only achieves her dream but also becomes a beacon of inspiration for girls everywhere. This story is a celebration of breaking barriers, overcoming stereotypes, and proving that with dedication, any dream is possible.

Join Parisa on her incredible adventure from dreaming under the stars to soaring through the sky as a skilled pilot. Let her story remind you that no dream is too big and no goal is out of reach. Girls can do anything they set their minds to—including becoming pilots!

Introduction Welina mai i ka moʻolelo hoʻouluhua o Parisa the Pilot! Ke lawe nei kēia moʻolelo iā ʻoe i kahi huakaʻi mai ka moeʻuhane o kahi kaikamahine ʻōpio i ka lani āna i lanakila ai me ka manaʻo paʻa a me ka wiwo ʻole. ʻO Parisa, he kaikamahine ʻuhane a manaʻo nui mai ka Hikina Waena, ua moeʻuhane mau ʻo ia e lele kiʻekiʻe ma luna o nā ao. ʻOiai ua haʻi ʻia ʻaʻole hiki i nā kaikamahine ke lilo i pailaka, ʻaʻole i haʻalele ʻo Parisa i kāna moeʻuhane.

Ma o ka hana paʻakikī, hoʻomanawanui, a me ka manaʻoʻiʻo paʻa ʻole iā ia iho, ʻaʻole i hoʻokō ʻo Parisa i kāna moeʻuhane akā ua lilo pū nō hoʻi ia i mea hoʻolalelale no nā kaikamahine ma nā wahi āpau. He hoʻolauleʻa kēia moʻolelo no ka uhaki ʻana i nā pale, ka lanakila ʻana i nā manaʻo stereotypes, a me ka hōʻoia ʻana me ka hoʻolaʻa ʻana, hiki i kekahi moe.

E hui pū me Parisa ma kāna huakaʻi kupaianaha mai ka moeʻuhane ma lalo o nā hōkū a hiki i ka lele ʻana i ka lewa ma ke ʻano he pilote akamai. E hoʻomanaʻo i kāna moʻolelo ʻaʻohe moeʻuhane nui loa a ʻaʻohe pahuhopu i hiki ʻole ke hiki. Hiki i nā kaikamāhine ke hana i nā mea a lākou e manaʻo ai—me ka lilo ʻana i mau pailaka!

Copy write @ 2024 Marcy Schaaf
"Parisa the Pilot"

Dedication

To Whitney Love,

Your unwavering determination and relentless pursuit of your dream have always been an inspiration to me and everyone around you. Watching you never forget your goal and finally take the brave step to start flight school at age 32 Fills my heart with immense pride.

This book is dedicated to you, Whitney, for reminding us all that dreams have no expiration date and that with hard work and persistence, anything is possible.

With all my love and pride,
Mom

Hoʻolaʻa

No Whitney Love,

ʻO kou kūpaʻa paʻa ʻole a me ka ʻimi mau ʻana i kāu moeʻuhane i mea hoʻoikaika mau iaʻu a me nā mea a pau a puni ʻoe. Ke nānā nei ʻaʻole ʻoe e poina i kāu pahuhopu a hope loa i ka hana wiwo ʻole e hoʻomaka i ke kula lele i ka makahiki 32 Hoʻopiha i koʻu puʻuwai me ka haʻaheo nui.

Hoʻolaʻa ʻia kēia puke iā ʻoe, e Whitney, no ka hoʻomanaʻo ʻana iā mākou a pau ʻaʻohe lā pau o ka moeʻuhane a me ka hana ikaika a me ka hoʻomau, hiki i nā mea āpau.

Me koʻu aloha a me koʻu haʻaheo, e Māmā

In the Middle East lived a
girl named Parisa.
She had a big dream.

Aia ma ka Hikina Waena `
kahi kaikamahine i kapa
'ia 'o Parisa.
He moe'uhane nui kāna.

Parisa
dreamed of being a pilot!

Ua moemoeā 'o Parisa e
lilo i pailaka!

But people told Parisa
"Girls can't be pilots."
Parisa didn't believe them.

Akā, haʻi ka poʻe iā Parisa "'Aʻole hiki i nā kaikamāhine ke hoʻokele." ʻAʻole manaʻoʻiʻo ʻo Parisa iā lākou.

She knew she could fly if she worked hard and never gave up.

Ua ʻike ʻo ia hiki iā ia ke lele inā hana ʻo ia me ka haʻalele ʻole.

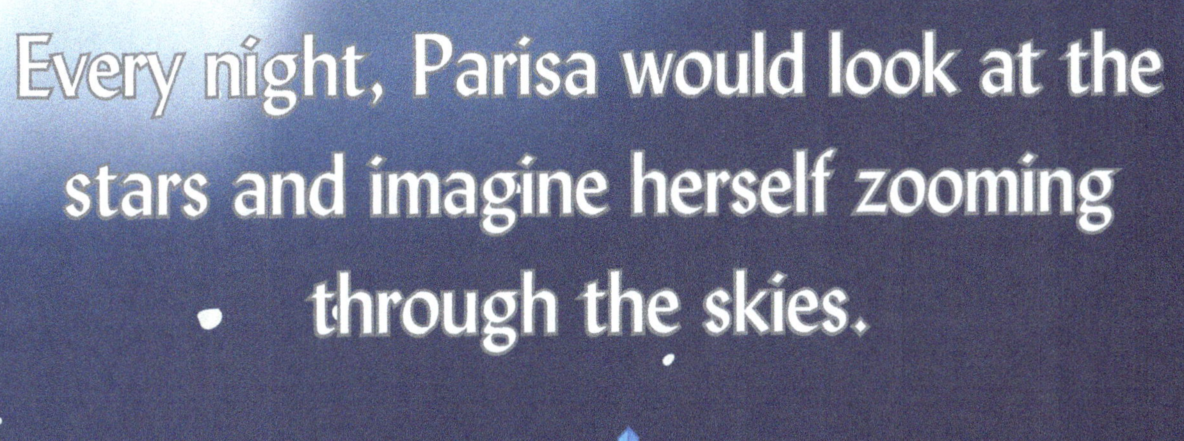

Every night, Parisa would look at the stars and imagine herself zooming through the skies.

I kēlā me kēia pō, nānā ʻo Parisa i nā hōkū a noʻonoʻo iā ia iho e hoʻonui i ka lewa.

"I will be a pilot!" she exclaimed, filled with determination.

"E lilo wau i pailaka!" i hooho ae ai me ka piha i ka manao paa.

Years went by but Parisa never forgot
her dream of flying.

Ua hala nā makahiki akā ʻaʻole poina ʻo Parisa i kāna moe lele.

At age 32, Parisa saw an ad for flight school. "PILOTS NEEDED" it said!

I ka makahiki 32, ua ʻike ʻo Parisa i kahi hoʻolaha no ke kula lele. Ua ʻōlelo ʻo "PILOTS NEEDED"!

Parisa researched the requirements for becoming a pilot

Ua noiʻi ʻo Parisa i nā koi no ka lilo ʻana
i pailaka

She applied to flight schools, determined
to follow her dream.

Ua noi 'o ia i nā kula lele, ua ho'oholo 'o ia e hahai i kāna moe.

Parisa was accepted into flight school!
She was thrilled.

Ua ʻae ʻia ʻo Parisa i ke kula lele!
Ua hauʻoli ʻo ia.

Parisa learned about maps, control panels,
and communicating with the tower.

Ua aʻo ʻo Parisa e pili ana i nā palapala ʻāina, nā panela mana, a me ke kamaʻilio ʻana me ka hale kiaʻi.

She practiced flying, ensuring she was
ready for every situation.

Ua hoʻomaʻamaʻa ʻo ia i ka lele ʻana, e
maopopo ana ua mākaukau ʻo ia no kēlā
me kēia kūlana.

Parisa studied weather patterns, safety protocols, and emergency procedures.

Ua aʻo ʻo Parisa i ke ʻano o ka wā, nā protocol palekana, a me nā kaʻina hana pilikia.

She met the tough training requirements, working day and night.

Ua hālāwai ʻo ia i nā koi hoʻomaʻamaʻa paʻakikī, hana i ke ao a me ka pō.

Finally, Parisa graduated from flight school, achieving a major milestone.
GRADUATE

'O ka mea hope loa, ua puka 'o Parisa mai ke kula lele, a loa'a i kahi mea nui.

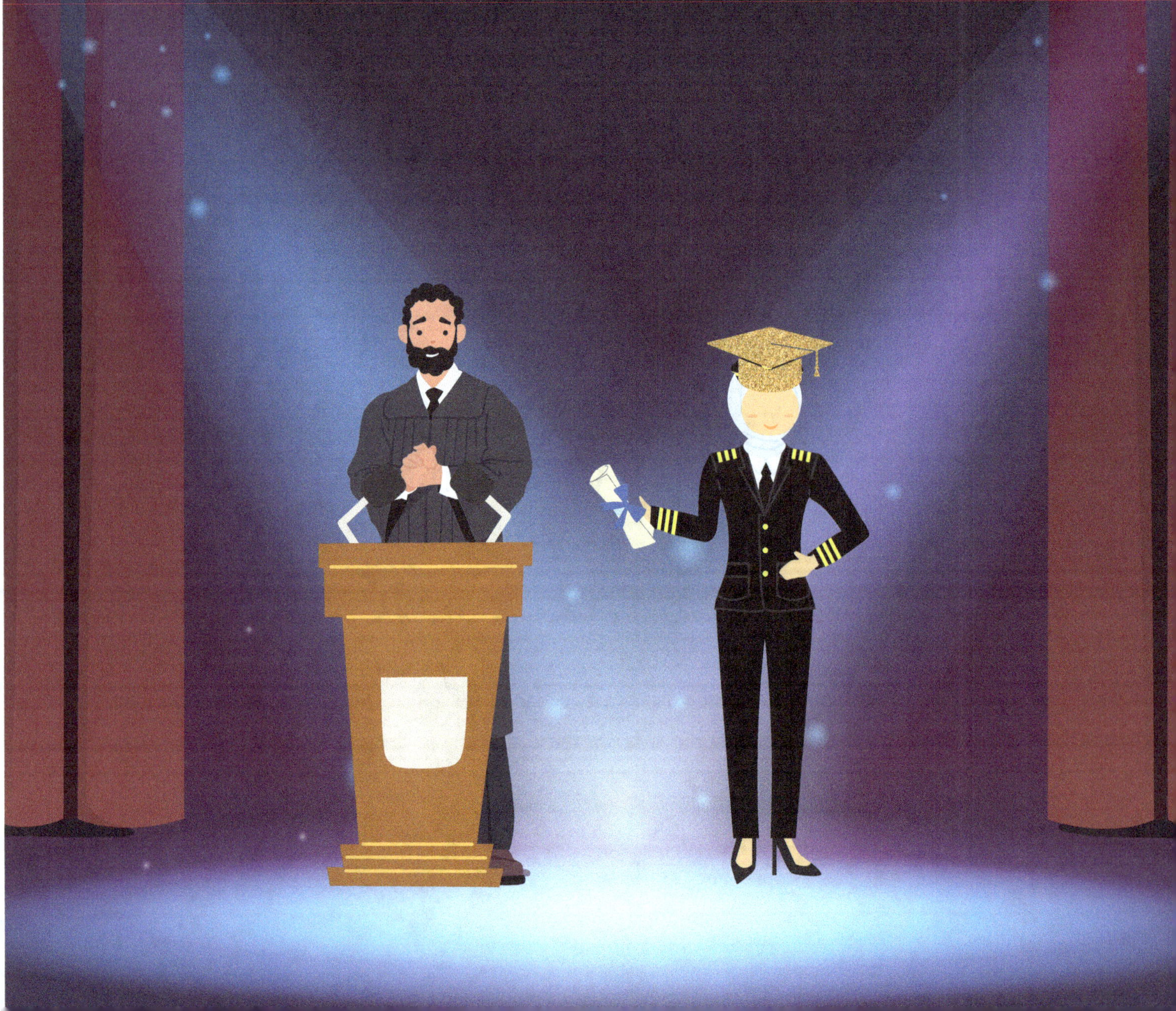

It was time for Parisa's first commercial flight with passengers.

ʻO ia ka manawa no ka lele kalepa mua
a Parisa me nā poʻe holo.

She performed pre-flight inspections,
checking every part of the plane.

Ua hana ʻo ia i ka nānā ʻana ma mua o ka lele ʻana, e nānā ana i kēlā me kēia ʻāpana o ka mokulele.

She greeted passengers, ensuring everyone was comfortable and safe.

Hoʻokipa ʻo ia i nā poʻe kaʻa, me ka hōʻoia ʻana i ka ʻoluʻolu a me ka palekana o nā mea a pau.

"Welcome aboard!" she announced confidently.

"Aloha ʻoe i luna!" ua hoʻolaha ʻo ia me
ka wiwo ʻole.

She made announcements before takeoff, explaining the flight details.

Ua hoʻolaha ʻo ia ma mua o ka lele ʻana,
e wehewehe ana i nā kikoʻī lele.

In-flight, Parisa made announcements
about altitude and destination.

I ka lele 'ana, ua ho'olaha 'o Parisa e pili
ana i ke ki'eki'e a me ka huaka'i.

She reassured passengers, ensuring a smooth and enjoyable flight.

Ua hōʻoluʻolu ʻo ia i ka poʻe holo kaʻa, e hōʻoiaʻiʻo ana i ka holo mālie a leʻaleʻa.

Before landing, Parisa made final announcements, preparing everyone.

Ma mua o ka pae ʻana, hana ʻo Parisa i nā hoʻolaha hope loa, e hoʻomākaukau ana i nā mea āpau.

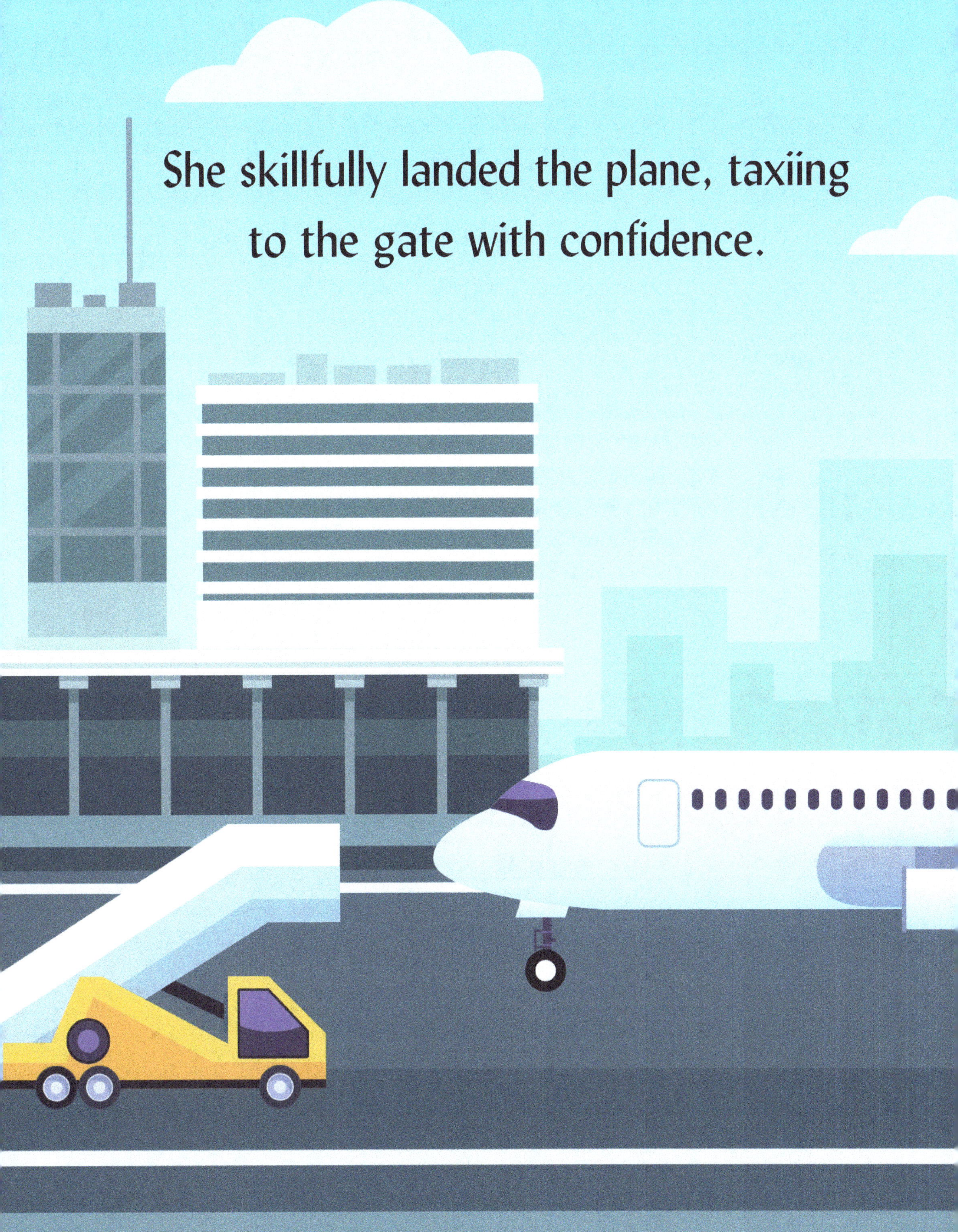
She skillfully landed the plane, taxiing to the gate with confidence.

Hoʻopaʻa akamai ʻo ia i ka mokulele, e
kaʻa ana i ka ʻĪpuka me ka hilinaʻi.

Parisa said goodbye to passengers, receiving smiles and thank-yous.

Ua ʻōlelo maikaʻi ʻo Parisa i nā poʻe kaʻa,
loaʻa ka ʻakaʻaka a me ka mahalo.

Parisa felt a deep sense of accomplishment, having overcome stereotypes.

Ua manaʻo ʻo Parisa
i ka manaʻo hohonu
o ka hoʻokō, i ka
lanakila ʻana i nā
stereotypes.

Parisa gave speeches, sharing her story and encouraging girls.

Hāʻawi ʻo Parisa i nā haʻiʻōlelo, kaʻana like i kāna moʻolelo a paipai i nā kaikamahine.

She became a mentor, teaching others
about flying.

Ua lilo ʻo ia i kumu aʻo, e aʻo ana i nā mea ʻē aʻe e pili ana i ka lele.

Parisa continued to fly, explore, and inspire everyone she met.

Ua hoʻomau ʻo Parisa i ka lele, ʻimi, a hoʻoikaika i nā mea a pau āna i hālāwai ai.

She was proud of reaching
her lifetime goal and living
her dream.

Ua haʻaheo ʻo ia i ka hoʻokō
ʻana i kāna pahuhopu ola a
me ka noho ʻana i kāna
moemoeā.

"Girls can be pilots too!"
Parisa proudly
declared.

"Hiki i nā kaikamāhine ke ho'okele ho'i!" Ua ha'i ha'aheo 'o Parisa.

She told others,
"Never give up, no matter what."

Ua ʻōlelo ʻo ia i nā poʻe ʻē aʻe, "Mai haʻalele, ʻaʻohe mea."

The END

Ka hopena

Books By Schaaf

www.BookBySchaaf.com

Find us at: